LE

# NOUVEAU RÈGLEMENT DOUANIER

SUR LES

# TARES ET EMBALLAGES

Décrets des 27 août 1911 et 12 juillet 1912
et Circulaires de la Direction générale des Douanes
intervenues pour leur application

POITIERS

LIBRAIRIE ADMINISTRATIVE P. OUDIN

22, rue Saint-Pierre-le-Puellier

—

1912

# LE
# NOUVEAU RÈGLEMENT DOUANIER

SUR LES

# TARES ET EMBALLAGES

*(Décrets des 27 août 1911 et 12 juillet 1912 et circulaires*
*de la Direction générale des Douanes intervenues pour leur application)*

Les ministres du commerce et des finances viennent de faire signer un décret relatif aux tares et emballages en matière de douanes qui modifie profondément le règlement édicté le 27 août 1911. La mise en vigueur de cet acte avait été par deux fois différée à raison des protestations qu'avaient soulevées certaines des dispositions qu'il contenait. L'Administration des douanes a mis à profit ces divers délais pour apporter audit décret les retouches susceptibles de donner satisfaction, dans ce qu'elles avaient de légitime, aux réclamations qui s'étaient produites.

Désireux de faciliter la tâche du commerce et du service des douanes, nous avons réuni dans cet opuscule les textes officiels relatifs à cette réglementation et les instructions administratives rendues pour leur application.

*
* *

Nous publions en tête le décret du 27 août 1911 et la circulaire de la direction générale des douanes n° 4191, du 20 septembre 1911, qui en a commenté et expliqué les dispositions.

Ce règlement a été modifié dans certaines de ses parties (section II, art. 43, 44, 45, 46 ; section III, art. 47 ; section IV, art. 48) par un décret du 12 juillet 1912, précédé d'un rapport au président de la République, dans lequel se trouvent exposées la genèse et l'économie des modifications apportées.

Ce dernier décret, le rapport qui le précède et la circulaire de la direction générale des douanes n° 4313, du 20 juillet 1912, contenant les instructions données au service des douanes sont insérés à la suite des premiers documents.

## Décret du 27 août 1911 relatif à l'application des droits inscrits au tarif d'entrée.

(Inséré au *Journal officiel* du 1er septembre 1911.)

---

Le Président de la République française,

Sur le rapport du ministre des finances et du ministre du commerce et de l'industrie ;

Vu l'article 6 de la loi du 29 mars 1910, ainsi conçu :

« Les règlements généraux relatifs à l'application des droits seront revisés par décrets publiés au *Journal officiel* » ;

Vu les lois des 6-22 août 1791, 1er août 1792, 8 floréal an XI, 17 décembre 1814, 28 avril 1816, 27 mars 1817, 6 mai 1841, 9 juin 1845, 16 mai 1863, 7 mai 1881, 11 janvier 1892, 30 juin 1893 et les lois ultérieures modificatives du tarif des douanes ;

Vu les décrets des 7 mars 1811, 29 août 1863, 8 avril 1865, 15 juin 1867, 2 juillet 1881, 2 juin 1882, 11 septembre 1882, 24 mai 1887, 18 septembre 1888, 11 mai 1892, 19 décembre 1895, 22 février 1896, 1er juin 1898 et 16 janvier 1901 qui ont modifié le tableau des tares légales ;

Vu le décret du 18 avril 1897, relatif à la forme des déclarations,

Décrète :

## TITRE PREMIER.

### Poids brut, poids net, poids demi-brut.

#### ARTICLE PREMIER.

Pour l'application des droits inscrits au tarif d'entrée, on entend :

Par poids brut, le poids qui résulte du pesage du contenu et contenant ; c'est-à-dire le poids cumulé du contenu et de toutes ses enveloppes tant extérieures qu'intérieures ;

Par poids net réel, le poids de la marchandise dépouillée de tous ses emballages extérieurs et intérieurs ;

Par poids net légal, le poids obtenu en déduisant du poids brut la tare dite légale, c'est-à-dire la tare que la loi ou des décrets rendus en exécution de la loi ont déterminée, selon le mode d'emballage et l'espèce des marchandises, pour le cas où le déclarant réclamerait la liquidation au poids net légal, ou n'aurait pas demandé en temps utile la liquidation au poids net réel ;

Par poids demi-brut, le poids cumulé du contenu et de ses emballages intérieurs, pour les marchandises énumérées à l'article 6 ci-après.

## ART. 2.

Sous la réserve que le premier emballage soit complet, suffisant et d'usage courant pour le transport de la marchandise, les doubles futailles ne sont pas comprises dans le poids brut ; il en est de même des torsades grossières de paille qui entourent les fûts d'huile d'olive.

## TITRE II.

### Taxation au brut, au net réel, au net légal et au demibrut.

## ART. 3.

En conformité des dispositions des lois des 9 juin 1845, 16 mai 1863, 11 janvier 1892, 21 décembre 1906 et 29 mars 1910, la taxation au brut est applicable aux raisins et fruits forcés, aux boîtes de montres brutes ainsi qu'aux fournitures d'horlogerie spéciales à la montre (en tarif minimum), à la bière et aux marchandises logées ou emballées dont le droit d'entrée ne dépasse pas 10 francs par 100 kilogrammes (à l'exception de l'indigo, des machines et mécaniques, des huiles minérales brutes et des huiles minérales lourdes, en tarif minimum), de l'or, du platine, de l'argent brut et des soies grèges.

## ART. 4.

Les droits sont exigibles au net réel sur l'or, le platine et l'argent brut, les tissus de soie et de bourre de soie, les tissus de soie ou de bourre de soie avec or ou argent faux ou fin, les tissus de soie artificielle, les monnaies d'or ou d'argent, les produits taxés à 10 francs ou moins par 100 kilogrammes, qui sont importés à nu ou en vrac et, en général, les marchandises tarifées au net dans tous les cas où il n'est pas fait application de la tare légale.

## ART. 5.

Le poids net légal est la base de la liquidation pour les marchandises imposées au net lorsqu'il y a lieu d'appliquer la tare légale.

## ART. 6.

En conformité des dispositions des lois des 11 janvier 1892, 21 novembre 1906 et 29 mars 1910, acquittent les droits sur le poids demi-brut : le museau de bœuf cuit ou confit, les conserves de viandes en boîtes, les conserves de gibier en boîtes, en terrines ou en croûtes, les pâtés de foie gras en boîtes, en terrines, en croûtes ou autres formes, les extraits de viandes en pains ou autres, les poissons conservés au naturel, marinés ou autrement préparés, les huîtres marinées, les homards et langoustes conservés au naturel ou préparés, les fruits confits ou conservés autres (pour l'application du tarif général résultant de la loi du 29 mars 1910), les huiles volatiles et essences en petits récipients, les légumes conservés, l'or et l'argent battu en feuilles, les bandes de pansement, les attelles plâtrées et les articles repris au n° 546 *bis* du tarif lorsqu'ils sont fixés sur carte ou carton.

## ART. 7.

Les surtaxes d'entrepôt ou d'origine sont perçues sur le brut, le net (réel ou légal), ou bien le demi-brut, selon que le droit d'entrée est lui-même perçu sur l'une ou l'autre de ces bases.

Lorsque le régime du contenu est la franchise ou que le produit est taxé autrement qu'au poids, les surtaxes sont perçues au brut, sauf pour les huiles minérales, l'indigo et les soies grèges qui acquittent dans tous les cas lesdites surtaxes au poids net (net réel ou net légal).

# TITRE III

## Régime des emballages pleins.

## ART. 8.

Les emballages ou récipients qui servent de contenants, d'enveloppe, de support ou de tout autre conditionnement aux marchandises sont, en principe, considérés comme ayant une valeur marchande et doivent, par suite, être imposés séparément au droit qui leur est propre, sauf lorsqu'il s'agit de marchandises tarifées au brut, si le droit d'emballage n'excède pas plus de 10 p. 0/0 celui du contenu ou bien de marchandises taxées à plus de 10 francs par 100 kilogrammes pour lesquelles la loi prescrit la perception au brut et au demi-brut. Dans ces deux cas, le droit afférent à la marchandise est liquidé sur le poids cumulé du contenu et des emballages extérieurs et intérieurs, ou sur le poids cumulé du contenu et des emballages intérieurs.

ART. 9.

Par exception à la règle posée dans l'article précédent, il y a lieu d'admettre comme étant sans valeur marchande les emballages dont la spécification suit :

Parmi les emballages extérieurs, les caisses ou futailles ordinaires en bois commun, les tambours ou cylindres en tôle de fer ou d'acier employés au transport de certains produits chimiques et dont le contenu ne peut être extrait sans détérioration du récipient, les emballages (boîtes ou autres) en fer-blanc soudés ou sertis, les boîtes ou autres emballages en carton présentés en mauvais état ou détériorés, les toiles serpillières, nattes et paniers grossiers, couffes, papiers et cartons communs, ainsi que les autres articles analogues communément employés pour l'emballage extérieur des marchandises.

Parmi les emballages intérieurs, les boîtes en fer-blanc soudées ou serties, les papiers servant d'enveloppe ou de séparation, les feuilles d'étain ou de papier sulfurisé entourant certains produits, les vignettes illustrées recouvrant les raisins secs dans les caisses, les planchettes qui servent au pliage des tissus, les étuis en carton brut non recouvert de papier dans lesquels on importe les livres, les étoffes de coton genre mousseline ou étamine ordinaire sur lesquelles sont faufilées les broderies en bandes ou motifs, les toiles enveloppant le beurre, les viandes, etc., les boîtes en carton et cartonnage présentés en mauvais état ou détériorés.

ART. 10.

Les sacs en jute, lin, chanvre, ramie, coton, etc., qui servent à l'importation des marchandises sont régis par les dispositions des articles 35 à 42 du présent décret.

ART. 11.

Les emballages énumérés à l'article 9 ci-dessus sont compris dans le poids imposable et taxés au même droit que le contenu quand celui-ci est tarifé au brut.

Les emballages intérieurs, des catégories réputées sans valeur, sont également imposés au droit du contenu lorsque la marchandise est taxée au demi-brut.

Dans les autres cas, les contenants dont il s'agit, tant extérieurs qu'intérieurs, sont admis en franchise du droit afférent aux emballages, sous réserve des dispositions particuières prévues aux articles n°s 43 à 50 ci-après.

ART. 12.

Lorsque le contenu est plus fortement imposé que les emballages, il est toujours loisible aux intéressés de déclarer les contenants cumulativement avec la marchandise et de demander qu'ils soient soumis au même droit que celle-ci.

ART. 13.

Les emballages extérieurs ou intérieurs dont le poids doit être cumulé avec celui du contenu dans la liquidation des droits et qui ne font pas l'objet d'un régime particulier (admission temporaire ou retour) ne doivent pas être déclarés distinctement par nature, espèce, qualité, catégorie et poids. Il suffit, en ce qui les concerne, que la déclaration indique le nombre et l'espèce des colis comme suit : 10 caisses, 25 fûts, 3 paniers, etc.

Il en est de même lorsqu'il s'agit de contenants admissibles comme emballages sans valeur marchande, soit qu'on déclare la marchandise au net réel, soit qu'on la déclare au net légal. Si le contenu est déclaré au net réel, il y a lieu de n'énoncer que les spécifications nécessaires pour permettre le contrôle du poids net ou des tares.

Dans tous les autres cas, la déclaration distincte détaillée des emballages est obligatoire. La vérification s'effectue suivant les prescriptions des articles 16 à 31 du présent décret.

ART. 14.

Lorsque les emballages renfermant des produits taxés au brut sont soumis séparément à leur droit propre, leur poids ne doit pas être compris dans le poids imposable du contenu.

ART. 15.

Les emballages importés pleins, susceptibles de bénéficier de l'admission temporaire, sont principalement les récipients en tôle de fer ou d'acier qui renferment des produits chimiques faiblement taxés (à raison de 5 francs les 100 kilogrammes au plus), les tubes en fer ou en acier contenant de l'acide carbonique ou d'autres gaz liquéfiés, les récipients métalliques transportant le carbure de calcium et le mercure, les touries servant au logement des acides, les supports ou cadres sur lesquels sont tendus les sealskins et les velours.

Néanmoins le poids des emballages admis temporairement est cumulé avec celui du contenu pour la liquidation des droits toutes les fois que celui-ci est passible des droits sur le poids brut ; l'admission temporaire n'ayant d'effet dans ce cas que pour la différence entre le droit du contenu et celui du contenant.

La même règle est applicable lorsqu'il s'agit d'emballages d'origine française, réadmissibles en franchise de la taxe qui leur est afférente.

TITRE IV

Pesage et vérification des marchandises.

ART. 16.

Les marchandises sont pesées : jusqu'à l'hectogramme, sans égard à la quotité du droit, pour les colis pesant l'un de 10 kilogrammes exclusivement à 300 kilogrammes inclusivement et jusqu'au gramme pour les colis ne dépassant pas 10 kilogrammes, que la pesée ait lieu, dans un cas ou dans l'autre, par unités ou par colis groupés.

Pour les colis pesant plus de 300 kilogrammes l'un, la pesée est arrêtée au demi-kilogramme, mais en fin d'opération, après déduction de la tare réelle ou légale, le net à liquider est établi jusqu'à l'hectogramme.

ART. 17.

Les dispositions de l'article précédent s'appliquent au pesage des sels, sous réserve des prescriptions spéciales des lois du

30 mars 1902, article 37, et du 31 mars 1903, article 11, en ce qui concerne la liquidation de la taxe intérieure de consommation.

Elles s'étendent également au pesage des sucres.

### ART. 18.

Pour les pesées sur ponts-bascules, on néglige les fractions du kilogramme, tant dans la pesée qu'en fin d'opération, après déduction de la tare (inscrite ou réelle) des véhicules.

### ART. 19.

La vérification des marchandises peut être soit intégrale ou complète, soit partielle, c'est-à-dire effectuée par épreuves, pour la quantité ou pour l'espèce et la qualité et même à la fois pour la quantité et pour l'espèce et la qualité.

### ART. 20.

Le contrôle du poids peut avoir lieu par épreuves lorsqu'il s'agit de colis ou d'objets d'un poids uniforme et portant les mêmes marques, c'est-à-dire de mêmes formes, dimensions et marques, dont les poids ne présentent pas, entre eux, un écart de plus de 5 p. 100, ou dans le cas contraire, lorsqu'il a été remis à l'appui de la déclaration une note du poids distinct de chaque colis ou objet (note de détail).

La note de détail doit être datée et signée par le déclarant; mais elle ne fait pas partie intégrante de la déclaration. Elle n'a légalement que la valeur d'un simple bordereau destiné à faciliter la vérification.

### ART. 21.

A l'importation et sous réserve de l'appréciation du service suivant les circonstances, les épreuves quant au poids doivent porter sur un colis au moins lorsque le nombre des colis ne dépasse pas 5, sur deux colis au moins lorsque le nombre des colis est de 20 au plus et sur un dixième au moins du nombre total lorsqu'il y a plus de 20 colis.

Les mêmes proportions doivent être observées, sous la condition stipulée au paragraphe précédent, pour la vérification des quantités en ce qui concerne les marchandises imposées autrement qu'au poids.

### ART. 22.

Lorsqu'il s'agit de marchandises faiblement taxées et que l'expédition comprend un grand nombre de colis, la proportion des épreuves de poids peut être réduite à 5, 2 ou même 1 p. 100, suivant les conditions de l'opération, et si, d'ailleurs, le service juge cette réduction possible.

### ART. 23.

Dans le cas d'importation directe de l'étranger, l'ouverture ou le sondage des colis pour le contrôle de l'espèce et de la qualité des marchandises ne peut descendre au-dessous des proportions indiquées aux articles précédents.

Pour les sucres, tous les colis doivent être sondés en vue de la formation des échantillons.

### ART. 24.

En ce qui concerne les colis postaux, la vérification doit porter sur 80 p. 100 au moins du nombre des colis, avec obligation d'effectuer le plus souvent possible la visite intégrale des colis d'un train ou d'un navire.

### ART. 25.

Pour les sorties d'entrepôt ou les arrivages en suite de transit ou de transbordement, ayant donné lieu à une première vérification de détail, le nombre des épreuves peut être réduit s'il y a lieu, tant pour le contrôle de la quantité que pour celui de l'espèce et de la qualité.

### ART. 26.

Les déclarants ont le droit de récuser les résultats des vérifications par épreuves et de demander que la vérification soit complète ou intégrale.

### ART. 27.

S'ils acceptent ces résultats par écrit et s'il s'agit de colis d'un poids ou d'une contenance uniforme, à l'égard desquels il n'a pas été fourni de notes de détail, la moyenne du poids ou de la contenance constatée par la visite sert de base pour toute la partie. Toutefois, si le poids ou la contenance ainsi obtenu différait sensiblement du poids déclaré, il y aurait lieu de procéder à un plus grand nombre d'épreuves ou même de recourir à la vérification intégrale.

En ce qui concerne les colis ayant fait l'objet de notes de détail, si le poids ou la contenance reconnus sont supérieurs à ceux de la note de détail, l'excédent est appliqué proportionnellement à toute la partie. Si, au contraire, il y a déficit sur le poids ou la contenance des colis vérifiés, il n'est tenu compte du déficit que pour ces colis et la déclaration est admise quant au surplus.

Sur le refus des intéressés d'aquiescer par écrit aux résultats ainsi établis, la partie entière serait vérifiée.

ART. 28.

Les dispositions ci-dessus relatives aux investigations par épreuves sont applicables pour la vérification :

*a*) Du poids brut des marchandises taxées sur cette base et des marchandises auxquelles la tare légale doit être appliquée ou dont la tare réelle doit être constatée ;

*b*) Du poids net (par la mise de la marchandise à nu sur la balance) des produits imposés au net et des produits non logés ni emballés dont le droit est exigible au brut ;

*c*) Du poids demi-brut des marchandises qui doivent acquitter les droits sur cette base.

## TITRE V

### Tare réelle ou poids des emballages.

ART. 29.

Lorsque le poids net de la marchandise doit être constaté ou vérifié en déduisant du poids brut ou demi-brut le poids effectif ou tare réelle des emballages, il y a lieu de procéder comme suit, réserve faite des dispositions spéciales édictées sous le titre VII ci-après :

Si les colis sont de poids ou de contenance uniforme, la tare des emballages peut être établie par épreuves sur des colis que le service désigne spécialement à cet effet ; le nombre des colis tarés peut être limité aux proportions indiquées ci-dessus pour la vérification du poids brut ou du poids net des colis.

Le poids net total qui résulte de ce contrôle par épreuves est pris pour base de la liquidation, s'il y a acceptation par écrit du déclarant et le service demeurant toujours libre d'exiger que la vérification soit complète.

## ART. 30.

A l'égard des colis de poids différents, la tare réelle peut être également vérifiée par épreuves lorsqu'il a été produit un relevé (note de détail) du poids brut et du poids ou tare des emballages.

Les différences en moins reconnues sur la tare des colis contrôlés doivent être appliquées proportionnellement à tous les colis. Il n'est tenu compte des excédents de tare que pour les colis vérifiés et la déclaration est admise comme exacte pour le surplus.

Les intéressés doivent donner leur adhésion par écrit aux résultats de l'opération : s'ils s'y refusent, il est procédé à la vérification complète.

## ART. 31.

La tare réelle des emballages est relevée jusqu'au gramme s'il s'agit d'emballages ne pesant pas individuellement plus de 10 kilogrammes et jusqu'à l'hectogramme pour les emballages pesant plus de 10 kilogrammes.

En fin d'opération, après déduction du poids des emballages jusqu'au gramme ou jusqu'à l'hectogramme, selon le cas, le net à liquider est établi jusqu'au gramme ou jusqu'à l'hectogramme, ainsi qu'il est prescrit par l'article 16 ci-dessus.

## TITRE VI

### Tares légales.

## ART. 32.

Les tares légales afférentes aux marchandises susceptibles d'acquitter les droits au net légal sont fixées conformément au tableau annexé au présent décret.

## ART. 33.

Les marchandises dont l'emballage ne répond pas aux conditions réglementaires ne peuvent bénéficier de la tare légale.

ART. 34.

Le montant de la tare légale est calculé, s'il y a lieu, jusqu'au gramme ; il est déduit du poids brut, suivant la même unité, mais le poids net imposable est établi en fin d'opération jusqu'au gramme ou jusqu'à l'hectogramme, conformément aux dispositions de l'article 16 du présent décret.

## TITRE VII

### Dispositions particulières à certains emballages.

*Section I. — Sacs importés pleins.*

ART. 35.

Les sacs contenant directement des marchandises autres que le nitrate de soude, le sulfate d'ammoniaque, le superphosphate (phosphates traités pas l'acide), les scories de déphosphoration, le guano dissous et les sels potassiques (chlorure de potassium, kaïnite, carnallite, nitrate de potasse, sulfate de potasse et autres produits analogues) employés en agriculture, doivent être déclarés distinctement ainsi que les sacs de suremballage, le cas échéant. Les premiers peuvent être déclarés et taxés d'après leur tare réelle ou d'après la tare légale applicable au contenu. Si le produit est tarifé au brut ou exempt, la tare légale peut également être appliquée, à la demande du déclarant, sur la base du taux de 2 p. 100 afférent aux marchandises non spécialement dénommées.

Les sacs en suremballage acquittent, dans tous les cas, le droit qui leur est afférent, d'après leur tare réelle.

ART. 36.

Le poids des sacs, calculé d'après la tare réelle ou la tare légale, est déduit du poids brut jusqu'au gramme, mais le net à liquider est établi dans tous les cas jusqu'à l'hectogramme pour les sacs et jusqu'au gramme ou jusqu'à l'hectogramme, selon l'importance de l'opération, pour la marchandise.

Dans le cas où celle-ci est imposée à un droit plus élevé au brut ou au net, le déclarant peut toujours demander que le sac soit soumis au même droit que le contenu.

## ART. 37.

Les sacs qui emballent directement le contenu peuvent être
vidés au moment de la vérification et être ensuite réexportés.

Dans ce cas, ils n'ont pas à payer le demi-droit, mais leur
poids doit être cumulé avec celui de la marchandise, si celle-ci
est de la nature de celles qui sont imposées au brut, et le
droit afférent à la marchandise est alors perçu sur le poids
ainsi obtenu. Lorsqu'il y a double emballage et que l'un des
sacs (sac extérieur ou sac intérieur) est réexporté, le demi-
droit est perçu sur le sac restant, à moins qu'il n'acquitte le
même droit que la marchandise ainsi que le prévoit l'article 12
pour le cas où celle-ci est plus imposée que l'emballage.

## ART. 38.

Les sacs importés pleins sont réputés avoir la même origine
que le contenu, sauf justification contraire reconnue valable.
Ceux qui renferment des marchandises originaires de pays
ne bénéficiant pas du tarif minimum pour les sacs confec-
tionnés en tissu, sont imposés d'après le même tarif (tarif
général ou minimum) que le contenu.

## ART. 39.

Les sacs renfermant des marchandises déclarées pour l'entrepôt réel ou fictif bénéficient, comme leur contenu, du régime
de l'entrepôt.

Ceux qui servent au transport de produits déclarés en
admission temporaire jouissent également de ce régime pour
être réexportés, sous les sanctions prévues par l'article 5 de
la loi du 5 juillet 1836, soit à l'état vide, soit remplis de produits compensateurs.

## ART. 40.

Les sacs renfermant des marchandises exemptes de droits
et de surtaxe peuvent être aussi déclarés distinctement pour
l'admission temporaire à charge d'être réexportés, dans l'état
où ils ont été introduits, c'est-à-dire remplis des mêmes produits.

## ART. 41.

Pour les marchandises expédiées en transit ou en transbordement, il n'est pas nécessaire de déclarer séparément les sacs
servant au transport. En cas de non représentation des colis,

les droits des emballages sont liquidés d'après le taux afférent à la catégorie la plus usuelle.

## ART. 42.

Les sacs vides pris à la consommation en France et dont l'origine française n'est pas mise en doute peuvent être expédiés à l'étranger, pour y être remplis, sous le régime de l'exportation temporaire.

A leur réimportation de l'étranger, à l'état plein, ces emballages sont remis en franchise du droit qui leur est propre, après identification au vu d'un passavant descriptif ou d'un double de la déclaration de sortie ; si le contenu est taxé au brut, ils sont compris dans le poids imposable et soumis au même droit que la marchandise.

*Section II. — Emballages intérieurs en carton communément en usage.*

## ART. 43.

En vue de faciliter les opérations et, hors le cas de soupçon d'abus, les emballages en carton (boîtes, encartages, tambours, rouleaux, etc.) de qualité ordinaire et d'usage courant, enveloppés ou non extérieurement de papier, peuvent être admis au même droit que le contenu, toutes les fois qu'ils seraient séparément imposables à une taxe plus élevée.

## ART. 44.

Lorsque le droit de la marchandise est supérieur à celui des emballages, il y a lieu, sauf demande contraire du déclarant, à déduction du poids de ces derniers. Mais en raison de la diversité de forme et de poids desdits emballages, la tare réelle ne peut être allouée que si elle a été établie par une vérification complète et non par de simples épreuves.

## ART. 45.

Si les déclarants refusent de procéder au pesage intégral des emballages, il est fait application d'une tare légale de 1 p. 100 pour les emballages renfermant des métaux et des ouvrages en métaux et de 5 p. 100 pour ceux contenant d'autres produits, qu'ils soient ou non entourés de papier et d'étain.

Ces tares sont déduites du poids demi-brut tel qu'il est défini par l'article 1<sup>er</sup> du présent décret. Le droit afférent aux emballages en carton est perçu séparément, s'il y a lieu, sur les poids résultant du calcul desdites tares. Le poids restant après déduction de la tare légale de 1 ou de 5 p. 100 représente le poids net à soumettre au droit du contenu.

ART. 46.

Lorsque la marchandise est placée sur ou entre des couches ou lits de papier découpé, il est alloué une tare de 1 p. 100 pour le poids des rognures de papier, cette bonification pouvant s'ajouter, le cas échéant, à la tare prévue pour les cartonnages.

ART. 47.

Pour les marchandises tarifées au brut, le poids des contenants est compris dans le poids imposable.

Dans le cas où le contenu est exempt de droits ou taxé autrement qu'au poids, les emballages en carton acquittent séparément le droit qui leur est propre, sur le poids résultant du calcul de la tare de 5 p. 100.

ART. 48.

Les règles générales restent applicables aux emballages en carton qui rentrent dans la catégorie des cartonnages décorés ou sont passibles de droits plus élevés que ceux inscrits au n° 464 *ter* du tarif.

*Section III. — Emballages intérieurs en papier ou en étain, servant d'enveloppe immédiate à la marchandise elle-même.*

ART. 49.

Les emballages de l'espèce sont compris dans le poids imposable s'il s'agit de marchandises payant les droits d'entrée au brut ou au demi-brut.

Lorsque les marchandises sont taxées au net, ils peuvent être déduits du poids imposable si leur poids a été constaté par un départ effectif et intégral : dans le cas contraire, il est fait application d'une tare légale de 0,1 p. 100 pour les métaux et ouvrages en métaux, et de 0,5 p. 100 pour les autres produits, cette bonification pouvant s'ajouter, le cas échéant, aux

( *Voir la suite page 18.* )

*Tableau des tares légales.*

| MARCHANDISES. | ESPÈCE DE COLIS | TAUX DE LA TARE |
|---|---|---|
| Acide oxalique...... | Fûts ou caisses autres qu'à claire-voie..................... | 9 p. 100. |
| Anchois........... | Petits barils pesant environ 3 kilogr. l'un.............. | Le 1/6ᵉ de leur poids |
| Cacao............. | Futailles ou caisses autres qu'à claire-voie.................. Sacs ou balles ............... | 12 p. 100, 1 1/2 p. 100. |
| Café .............. | Futailles ou caisses autres qu'à claire-voie : Des pays étrangers........... Des pays et possessions françaises ................. Sacs ou balles de jute, emballages simples... ........... Sacs ou balles d'une matière autre que le jute........... | Poids net réel. 12 p. 100. 0,75 p. 100. Poids net réel. |
| Cannelle et Cassia lignea............ | Futailles ou caisses autres qu'à claire-voie................. Balles { simples ...... ....... { doubles............. | 12 p. 100. 4 — 5 — |
| Feuilles de fer-blanc | Importées dans des caisses en bois autres qu'à claire-voie .. | 7 — |
| Fils de coton....... | Caisses autres qu'à claire-voie : En planches épaisses et solidement constituées (fils sur canettes) ................. Dans tous les autres cas....... | 17 — 12 — |
| Huiles brutes, raffinées et essences de pétrole ou de schiste................. | Importés dans des fûts dits à pétrole.................... | 20 — |
| Huiles lourdes et goudrons de pétrole.. | *Idem* .................... | 17 — |
| Huiles de coton de la catégorie de celles qui sont taxées au net .............. | Importées dans des fûts en bois de chêne, cerclés de fer dits « cotonniers ».............. | 15 — |
| Indigo naturel non raffiné .......... | Futailles ou caisses autres qu'à claire-voie, renfermant : Un sac de peau (suron) (1)..... Un sac de toile.............. La marchandise à nu ......... Surons (1)................. Sac de toiles..... .......... | 22 — 14 — 12 — 10 — 2 — |
| Poivre et piment.... | Futailles ou caisses autres qu'à claire-voie............. Sacs ou balles.............. | 12 — 2 — |
| Saindoux.......... | Futailles ou caisses autres qu'à claire-voie................. | 16 — |

(1) Il n'y a lieu de considérer comme surons que les sacs en cuir solidement cousus qui pourraient suffire pour le transport de la marchandise.

*Tableau des tares légales* (suite).

| MARCHANDISES | ESPÈCE DE COLIS | TAUX<br>DE LA TARE |
|---|---|---|
| Soies écrues, fleuret et bourre de soie cardée ou filée.... | Balles comportant deux enveloppes en toile............ | 4 p. 100. |
| | Balles comportant une seule enveloppe en toile............ | 2 — |
| | Caisses autres qu'à claire-voie. | 12 — |
| Sucres bruts exotiques (1)......... | Importés dans les emballages en usage pour les sucres exotiques :<br>Emballages en bois (futailles, caisses autres qu'à claire-voie, etc.) :<br>Entièrement en bois dur (2)... | 13 — |
| | En bois tendre (2) ........... | 10 — |
| | Canastres.................... | 7 — |
| | Autres emballages, doubles.... | 4 — |
| | Autres emballages, simples.... | 2 — |
| | Importés en sacs ou dans des emballages autres que ceux en usage pour les sucres exotiques.................... | Poids net réel. |
| Sucres raffinés à l'exclusion des candis en caisses ou futailles (1)....... | Emballages en bois (futailles, caisses autres qu'à claire-voie, etc.) ..................... | 12 p. 100. |
| | Autres emballages............ | 2 — |
| Tôles de fer y compris les fers noirs en feuilles et tôles d'acier de la catégorie de celles qui sont taxées au net. | Importées dans des fûts ou dans des caisses en bois autres qu'à claire-voie................ | 7 — |
| Vaseline............ | Importée dans des fûts dits à pétrole.................... | 17 — |
| Autres produits taxés au net........... | Futailles ou caisses autres qu'à claire-voie................ | 12 — |
| | Balles, ballots, sacs, paniers, colis à claire-voie.......... | 2 — |
| Produits d'espèces différentes taxés au net et renfermés dans un même colis........................ | | Poids net réel. |
| Produits taxés au net renfermés dans un même colis avec des produits taxés au brut................. | | *Idem* |
| Produits comportant un emballage intérieur devant être taxé séparément à son droit propre.......... | | *Idem* |

(1) Les droits sur les sucres autres que ceux visés ci-dessus doivent toujours être liquidés sur le poids net réel.

(2) Les fûts dont les douves sont en chêne sont considérés comme fûts en bois dur lorsque les fonds sont en bois de hêtre ou de châtaignier et comme fûts en bois tendre lorsque les fonds sont en bois de sapin ou de tilleul. (Lettre commune du 10 novembre 1882.)

tares prévues pour les cartonnages et les couches ou lits de papier découpé.

Les prospectus et les réclames ou annonces qui accompagnent les marchandises sont passibles, séparément, du droit qui leur est propre, à moins qu'ils ne soient dans le cas prévu par l'article 12 ci-dessus.

*Section IV. — Toiles enveloppant le beurre, les jambons,*
*la viande, etc.*

ART. 50.

Ces enveloppes ne sont pas assujetties à leur droit propre et doivent, en conséquence, être admises au même droit que le contenu.

ART. 51.

Le ministre des finances et le ministre du commerce et de l'industrie sont chargés, chacun en ce qui le concerne, de l'exécution du présent décret, qui entrera en vigueur le 1er novembre 1911.

Fait à Rambouillet, le 27 août 1911.

## Circulaire de la direction générale des douanes n° 4191, du 20 septembre 1911.

1re Division. — 1er Bureau. — Tarif. — Règlements généraux pour l'application des droits de douanes.

En exécution de l'article 6 de la loi du 29 mars 1910, un décret du 27 août dernier, inséré au *Journal officiel* du 1er de ce mois, et dont je transmets une ampliation avec la présente circulaire, revise les règlements généraux relatifs à l'application des droits.

Le nouveau texte n'est, dans son ensemble, que la condensation et la mise au point des règles générales actuellement en vigueur et contenues dans les *Observations préliminaires du tarif.*

Je n'expose donc, ci-après, que les dispositions dans lesquelles il est innové.

## TITRE PREMIER

Art. 1ᵉʳ. — Le tarif du 29 mars 1910 ayant accru le nombre des marchandises qui acquittent les droits sur le poids net augmenté de celui des récipients formant l'emballage intérieur, il a paru nécessaire d'introduire dans les règlements la définition du poids demi-brut, qui est le poids cumulé du contenu et de ses emballages intérieurs.

L'*article* 6 énumère les produits qui sont imposés d'après cette base.

## TITRE II

Art. 3. — Aux marchandises pour lesquelles la taxation au brut était déjà applicable, la loi du 29 mars 1910 a ajouté les raisins et fruits forcés.

Les exceptions à ce même mode de taxation sont complétées, conformément à la loi du 30 juin 1893, par l'inscription des huiles minérales brutes et des huiles minérales lourdes (en tarif minimum), et, en vertu de la loi du 11 janvier 1892, par celle du platine brut.

Par contre, on a pu faire disparaître de l'énumération le nankin des Indes pour les motifs qui seront donnés ci-après à l'occasion de l'article 4, le cacao, le café, les ouvrages en or et en argent, les ouvrages en soie et en bourre de soie et dentelles, les plumes apprêtées, le poivre et le sucre qui sont maintenant taxés à plus de 10 francs par 100 kilogrammes et rentrent ainsi dans la règle générale édictée par l'article 24 de la loi du 16 mai 1863.

On a également radié de la liste des exceptions le coton, la potasse et carbonate de potasse ainsi que le tartre brut, actuellement exempts de droits. Les surtaxes d'origine et d'entrepôt afférentes à ces articles seront, par suite, perçues, le cas échéant, sur le poids brut, conformément aux dispositions de l'article 7, § 2, et ainsi d'ailleurs que cela a lieu pour les laines et d'autres matières premières. Comme conséquence de ces modifications, les tares légales spéciales au coton ont été éliminées du tableau-annexe.

Art. 4. — Parmi les marchandises pour lesquelles les droits sont exigibles au net réel, on a fait figurer le platine brut qui est assimilé à l'or brut, les monnaies d'or et d'argent et les tissus de soie artificielle qui sont compris, avec les tissus de soie naturelle, dans la rubrique générale du n° 459 du tableau des droits.

Il n'y avait plus aucun intérêt à prévoir une règle distincte pour le nankin de l'Inde qui est un tissu de coton comme les autres étoffes de ce textile et qui ne fait plus l'objet d'un traitement spécial dans nos tarifs modernes.

L'exclusion des dentelles s'explique par ce fait qu'étant assez fortement imposées, elles ne sont jamais déclarées à la tare légale et qu'une réglementation particulière n'a, par suite, aucune raison d'être en ce qui les concerne. La même situation existe pour les ouvrages d'or et d'argent qui, d'ailleurs, sont toujours catalogués au net réel pour l'envoi à la garantie.

Pour ce qui est des cafés étrangers et des sucres, il a paru suffire que le tableau des tares annexé au décret les exclue de la tare légale.

## TITRE III

Exception faite des sacs importés pleins, des emballages intérieurs en carton, papier ou étain et des toiles enveloppant le beurre, le jambon, la viande, etc., qui font l'objet de dispositions spéciales, au titre VII, le régime des emballages pleins n'est pas modifié dans l'ensemble.

L'article 8 pose en principe que les emballages ou récipients qui servent de contenants, d'enveloppe, de support ou de tout autre conditionnement aux marchandises, sont considérés comme ayant une valeur marchande et doivent, par suite, être imposés séparément au droit qui leur est propre.

Les exceptions à cette règle édictées par les articles 8 et 9 ne sont que la consécration des errements actuels, notamment pour les boîtes en carton servant d'emballages extérieurs, présentées à l'état usagé.

Le service remarquera toutefois qu'on a supprimé de la liste des emballages extérieurs sans valeur marchande les bouteilles en fer forgé contenant du mercure, mais, en conformité des dispositions de l'article 15, § 1, ces récipients pourront bénéficier, le cas échéant, de l'admission temporaire.

Par contre, on a ajouté à l'énumération des emballages intérieurs sans valeur marchande et en conformité d'errements déjà existants, les planchettes qui servent au pliage des tissus et les étuis en carton brut dans lesquels on importe les livres.

En vue de prévenir toute difficulté, l'article 13 dispose que les emballages doivent être déclarés distinctement par nature, espèce, qualité, catégorie et poids, excepté lorsqu'il s'agit d'emballages sans valeur marchande admissibles en franchise ou d'emballages dont le poids doit être cumulé avec celui du contenu dans la liquidation des droits.

## TITRE IV

Rien n'est modifié aux dispositions qui régissent le pesage et la vérification des marchandises.

Pour couper court à des réclamations ou demandes en restitution de droits dont certaines pouvaient couvrir des manœuvres frauduleuses, l'article 20 a sanctionné la règle en vertu de laquelle la note de détail ne fait pas partie intégrante de la déclaration et n'a que la valeur d'un simple bordereau destiné à faciliter la vérification.

Les notas imprimés sur les modèles de déclarations D. 3 et D. 26 établis en exécution du décret du 18 avril 1897, devront, dès lors, être désormais libellés comme suit :

*Nota.* — « Les notes de détail ne font pas partie intégrante « de la déclaration et n'ont que la valeur d'un simple borde- « reau destiné à faciliter la vérification ; elles doivent être « datées et signées. »

Les intéressés devront être avisés sans retard de cette modification. En attendant qu'ils aient pu se réapprovisionner, ils seront admis à utiliser les anciennes formules préalablement rectifiées à la main ou par tel autre procédé qu'ils jugeraient préférable.

## TITRE V

Réserve faite des dispositions spéciales contenues dans le titre VII ci-après, les errements actuels sont maintenus relativement à la détermination de la tare réelle ou du poids des emballages.

Toutefois, dans un but d'uniformité, l'article 31 étend à la pesée des emballages de plus de 10 kilogrammes la règle tracée par l'article 16 pour la pesée des colis de la même catégorie ; on négligera, dans ce cas, les fractoins d'hectogramme.

## TITRE VI

Les conditions d'application de la tare légale restent les mêmes.

Seul, le tableau annexé au décret fait apparaître quelques modifications.

Les sacs en suremballage devant, aux termes de l'article 36 ci-après, acquitter, dans tous les cas, le droit qui leur est afférent d'après leur poids réel, la tare indivisible de 1 p. 100, précédemment accordée pour les cafés en double emballage, a dû être supprimée. Conformément aux dispositions de la circulaire du 14 avril 1910, n° 3976, page 65, § 5, le poids de chacun de ces emballages devra, dès lors, être établi par épreuves.

Différents groupements commerciaux ont exposé que la tare légale actuelle de 12 p. 100 pour les huiles de coton autres importées en fûts est notablement inférieure à la réalité et que, d'autre part, la détermination de la tare réelle présente des difficultés particulières en raison de la consistance de la marchandise qui, surtout l'hiver, rend le dépotage imparfait sinon même impraticable. L'enquête à laquelle il a été procédé ayant établi le bien fondé de la pétition, une tare de 15 p. 100 a été prévue, dans le décret, pour les huiles de coton de la catégorie de celles qui sont taxées au net, importées dans des fûts en bois de chêne, cerclés en fer, dits *colonniers*.

Pour les soies écrues, fleuret et bourre de soie cardée ou filée en balles, il a paru suffisant de ne prévoir que deux cas, suivant que ces balles comportent une ou deux enveloppes en toile, et dans le second cas, de fixer une tare double de celle du premier.

La dénomination de sucres bruts de canne a été remplacée par celle de sucres bruts exotiques qui est mieux en rapport avec les dispositions de la convention de Bruxelles.

La tare des sucres bruts en canastres a été ramenée de 8 à 7 p. 100.

Les surons n'étaient plus guère utilisés que pour l'emballage de l'indigo ; l'indication de cette espèce de colis pour les marchandises autres que l'indigo a été supprimée.

Enfin, les additions relatives aux produits qui doivent acquitter les droits sur le poids net réel et sont, par conséquent, exclus du bénéfice de la tare légale, ne sont que la consécration des règles actuelles ; elles complètent l'énumération donnée par l'article 4 du décret.

## TITRE VII

*Section I.* — L'Administration a fait homologuer les instructions qu'elle avait transmises par circulaire du 13 juin 1910, n° 3999, pour l'application, aux sacs importés pleins, des dispositions des n^os 398 *bis* et 460 *quater* du tarif d'entrée annexé à la loi du 29 mars 1910.

A la catégorie des sacs affranchis du demi-droit, il conviendra d'ajouter, toutefois, ceux contenant des scories de déphosphoration, du guano dissous et de la cyanamide calcique.

*Sections II et III.* — Le développement pris par l'emploi de boîtes, encartages, tambours, rouleaux, etc., en carton, ainsi que du papier et de l'étain servant d'enveloppe immédiate à la marchandise elle-même, a multiplié les cas où le poids distinct de ces emballages intérieurs doit être déclaré et vérifié à l'aide de longues et minutieuses pesées d'épreuves, soit pour être déduit du poids imposable, soit pour être soumis séparément aux droits, selon qu'il s'agit ou non d'emballages sans valeur marchande.

Il a paru utile de faciliter les déclarations du commerce et les vérifications du service par l'établissement d'une tare légale. Etant donnée la diversité des emballages et des marchandises, il ne pouvait s'agir que d'une tare transactionnelle, c'est-à-dire dont l'application donnerait lieu, tant de la part du Trésor que de celle des redevables, à des concessions et à des sacrifices mutuels.

La douane renonce à la perception du droit de 16 francs ou de 36 francs les 100 kilogrammes net afférent, selon le cas, au carton coupé ou au carton assemblé en boîtes, sur tous les emballages renfermant des marchandises imposables au brut ou taxées au net à un droit intérieur à celui de ces emballages ; le droit de la marchandise sera seul liquidé sur le poids cumulé du contenu et du contenant.

A l'égard des marchandises taxées au net à des droits supérieurs à celui de l'emballage, on maintient pour le déclarant la faculté de demander et d'obtenir la constatation du poids net effectif des emballages inférieurs ; mais afin d'éviter qu'il ne recoure, dans tous les cas, au procédé qui lui serait le plus avantageux, et que le Trésor ne soit ainsi toujours en perte, on n'admettra plus que la détermination du poids net effectif des emballages intérieurs se fasse, comme actuellement, à l'aide de quelques pesées d'épreuves ; il devra y avoir séparation et vérification intégrales.

Lorsque les intéressés refuseront de procéder à ce départ effectif, il sera fait application d'une tare de 5 p. 100, calculée sur le demi-brut, pour les emballages en carton (boîtes, encartages, tambours, rouleaux, etc.) enveloppés ou non extérieurement de papier, ou étain, avec ou sans casiers intérieurs. Le droit de la marchandise sera perçu sur le poids cumulé du contenu et des contenants, sauf déduction de la tare de 5 p. 100, que les emballages aient ou non une valeur marchande. Le surplus (5 p. 100) sera remis en franchise, le Trésor renonçant encore dans ce cas à la perception du droit spécial aux emballages.

En ce qui concerne les emballages contenant des métaux et ouvrages en métaux (armes, billes de roulement, outils, etc.) et pour lesquels la tare de 5 p. 100 serait manifestement exagérée, la déduction sera seulement de 1 p. 100.

Lorsque la marchandise sera placée sur ou entre des couches ou des lits de papier découpé ou des fibres de bois, on allouera une tare de 1 p. 100 pour le poids des rognures ou fibres.

Une tare est également attribuée pour les emballages intérieurs en papier ou en étain servant d'enveloppe immédiate à la marchandise elle-même. Elle est fixée à 0,1 p. 100 pour les métaux et ouvrages en métaux, et à 0,5 p. 100 pour les autres produits.

Ces diverses bonifications peuvent s'ajouter, le cas échéant, les unes aux autres. Le tableau ci-après indique les taux qui seront alors applicables dans les différents cas.

| NATURE DES EMBALLAGES INTÉRIEURS | MÉTAUX ET OUVRAGES en métaux | AUTRES PRODUITS |
|---|---|---|
| | p. 100 | p. 100 |
| Marchandises simplement enveloppées de papier ou d'étain...................... | 0,1 | 0,5 |
| Marchandises simplement placées sur ou entre des couches ou lits de papier découpé ou de fibres de bois.......................... | 1 | 1 |
| Marchandises enveloppées de papier ou d'étain et placées sur ou entre des couches ou lits de papier découpé ou de fibres de bois........... | 1,1 | 1,5 |
| Marchandises simplement placées sur ou dans des cartonnages, que ceux-ci soient ou non enveloppés de papier ou d'étain................. | 1 | 5 |
| Marchandises enveloppées de papier ou d'étain et placées sur ou dans des cartonnages........... | 1,1 | 5,5 |
| Marchandises placées, dans des cartonnages, sur ou entre des couches ou lits de papier découpé ou de fibres de bois....................... | 2 | 6 |
| Marchandises enveloppées de papier ou d'étain et placées dans des cartonnages, sur ou entre des couches ou lits de papier découpé ou de fibres de bois............................... | 2,1 | 6,5 |

A l'égard des produits exempts de droits ou taxés autrement qu'au poids, disposés dans des emballages en carton, le droit afférent à ces derniers sera liquidé séparément sur le poids résultant du calcul de la tare de 5 ou de 1 p. 100 du poids brut à nu.

Le tableau ci-après résume les divers cas d'application qui pourraient se présenter, en prenant, par exemple, la tare de 5 p. 100.

| | | | | |
|---|---|---|---|---|
| Emballages intérieurs en carton | sans valeur marchande contenant des marchandises | exemptes........ | | Exemptions sur l'ensemble. |
| | | taxées au brut.. | | Droit de la marchandise sur le poids brut. |
| | | taxées au net... | | Droit de la marchandise sur le poids brut à nu, défalcation faite de la tare de 5 p. 100. |
| | | taxées à la valeur ou au nombre. | | Exemption sur l'emballage, droit sur la marchandise suivant la valeur ou le nombre. |
| | ayant une valeur marchande contenant des marchandises | exemptes........ | | Droit de l'emballage sur 5 p. 100 du poids brut à nu. |
| | | taxées au brut.. | | Droit de la marchandise sur le poids brut. |
| | | taxées au net à un droit | inférieur à celui de l'emballage. | Droit de la marchandise sur le poids brut à nu. |
| | | | supérieur à celui de l'emballage. | Droit de la marchandise sur le poids brut à nu, défalcation faite de la tare de 5 p. 100. |
| | | taxées à la valeur ou au nombre. | | Droit de l'emballage sur 5 p. 100 du poids brut à nu. Droit de la marchandise suivant la valeur ou le nombre. |

Il est bien entendu que la nouvelle réglementation ne sera applicable qu'aux emballages ordinaires dont l'emploi correspond bien, dans les usages commerciaux courants, aux marchandises avec lesquelles ils sont présentés et hors le cas de soupçon d'abus.

Elle ne déroge en rien aux prescriptions légales qui soumettent, pour certaines marchandises, les emballages aux mêmes droits que leur contenu (fruits confits ou conservés autres pour l'application du tarif général résultant de la loi du 29 mars 1910, articles repris au n° 546 *bis* du tarif, lorsqu'ils sont fixés sur carte ou carton, etc.).

Il va sans dire que les importateurs devront énoncer dans

leurs déclarations soit le brut à nu, soit le net réel, suivant qu'ils demanderont l'application de la tare légale ou qu'ils réclameront la liquidation des droits sur le net effectif.

Les boîtes en carton servant d'emballage à des marchandises et importées en vrac par wagons complets sont considérées comme constituant des emballages intérieurs. Les dispositions des sections II et III du titre VII leur sont, dès lors, applicables.

Rien n'est modifié aux errements actuellement pratiqués pour la taxation des médicaments composés non dénommés et des fils sur bobines ou canettes.

*Section IV.* — Les toiles enveloppant le beurre seront, comme actuellement, admises au même droit que le contenu. Dans un but d'uniformité, il en sera de même pour les toiles enveloppant les jambons, la viande, etc.

Afin de laisser au commerce un délai suffisant pour se mettre au courant du nouveau régime et pour régler ses transactions en conséquence, l'article 51 dispose que le décret dont il s'agit n'entrera en vigueur que le 1er novembre.

En outre, pendant les premiers mois qui suivront la mise en application de ce texte, les importateurs devront être admis à bénéficier de toutes les tolérances compatibles avec les règlements.

Je prie les directeurs deporter les dispositions de la présente à la connaissance du service et du commerce.

## Décret du 13 juillet 1912, modifiant le décret du 27 août 1911 relatif à l'application des droits inscrits au tarif d'entrée.

(Inséré au *Journal officiel* du 14 juillet 1912.)

### RAPPORT

AU PRÉSIDENT DE LA RÉPUBLIQUE FRANÇAISE.

MONSIEUR LE PRÉSIDENT,

Un décret du 21 mars 1912 a reporté au 1er août suivant la date de l'entrée en vigueur du règlement douanier du 21 août 1911. Permettre à nos deux Départements de terminer l'étude des modifications susceptibles d'être introduites dans ce dernier acte et, en même temps, accorder au commerce un certain délai pour prendre ses dispositions après la publication du règlement définitif, tel était l'objet de la prorogation édictée.

L'examen de la question vient d'aboutir à l'élaboration d'un texte qui diffère de la réglementation primitive.

D'après les articles 44 et 49 du décret du 27 août 1911, l'allocation de la tare réelle des emballages intérieurs en carton, carte ou papier, était subordonnée à une vérification complète, et si les déclarants refusaient de procéder au pesage intégral des emballages, il devait être fait application de tares légales déterminées. Suivant ce qu'expliquait le rapport annexé au décret du 28 octobre 1911, cette réforme répondait à un double but : assurer plus étroitement le recouvrement de l'impôt ; établir, en vertu du principe de réciprocité et dans les limites où il était permis de se mouvoir, un certain équilibre entre le traitement applicable, à l'entrée en France, aux marchandises étrangères et celui qui subissent chez nos concurrents les produits français.

Dans la revision entreprise à la demande du commerce d'importation, cet objectif ne devait pas être perdu de vue et il s'agissait de trouver une formule transactionnelle propre à concilier, dans toute la mesure possible, les divers intérêts en présence ; en d'autres termes, une formule amendant de la manière la plus satisfaisante le décret du 27 août 1911, sans compromettre les résultats escomptés.

Après avoir envisagé les différentes solutions que comportait le problème, et non d'ailleurs sans avoir entendu les représentants les plus autorisés du commerce, nous nous sommes arrêtés à la modalité qui est exposée ci-après dans ses lignes essentielles.

Une distinction serait faite, pour l'application des droits, entre les cartonnages tels que boîtes, étuis ou autres récipients et les cartonnages servant au conditionnement immédiat de la marchandise, à savoir : encartages, tambours, rouleaux et articles similaires. Les emballages de la première catégorie continueraient à suivre, dans les mêmes conditions qu'aujourd'hui, le régime qui leur est propre. En ce qui concerne les emballages de la seconde catégorie, et sous réserve soit de l'uniformité des objets, soit de la production d'une note de détail, le bénéfice de la tare réelle serait subordonné non plus à la vérification intégrale, mais à une visite par épreuves, dans la proportion de 10 p. 100, en général, du nombre des emballages compris dans les colis soumis à la vérification.

Ce pourcentage d'épreuves est conforme, en principe, aux règles actuelles. En outre, il y a lieu de remarquer que les mots « en général » introduits dans le texte laisseront au service une certaine latitude lui permettant de descendre, le cas échéant, au-dessous de la proportion de 10 p. 100, sous les conditions particulières à fixer par la circulaire transmissive du règlement.

Avec un régime ainsi aménagé, rien naturellement n'imposait le maintien du système de tares légales institué par le décret du 27 août 1911 comme contrepartie au pesage intégral des emballages intérieurs ; aussi, ne l'avons-nous retenu qu'à titre purement accessoire et en le circonscrivant, du reste, à une certaine catégorie de marchandises.

Plaçant les déclarants dans l'alternative ou de se soumettre à la vérification complète ou d'accepter la tare légale, le règlement initial avait paru conférer à celle-ci un caractère virtuellement obligatoire. Après la concession substituant à la visite intégrale une reconnaissance par épreuves qui rend très acceptables les conditions de l'allocation de la tare réelle, l'intervention de la tare légale ne saurait plus être représentée comme inévitable : devenant réellement facultative, elle ne constituerait, nous insistons sur ce point, qu'une facilité à laquelle il serait loisible aux déclarants de recourir lorsqu'ils le jugeraient à propos.

Telle est l'économie des dispositions que, dans un esprit libéral, nous jugerions susceptibles d'être adoptées pour régler dans le sens le plus pratique la délicate question des tares et emballages.

Nous avons l'honneur de vous prier, si ces propositions obtiennent votre approbation, de vouloir bien les sanctionner en revêtant de votre signature le projet de décret ci-joint.

Veuillez agréer, Monsieur le Président, l'assurance de notre profond respect.

---

Le Président de la République française,

Sur le rapport du ministre des finances et du ministre du commerce et de l'industrie ;

Vu les décrets des 27 août, 28 octobre et 24 décembre 1911 et 21 mars 1912, sur les tares et emballages, le pesage et la vérification des marchandises,

Décrète :

ARTICLE PREMIER.

Le décret du 27 août 1911, susvisé, est modifié ainsi qu'il suit :

. . . . . . . . . . . . . . . . . . . .

SECTION II. — *Emballages intérieurs (autres que les boîtes, les étuis et les contenants similaires), en carton ou carte, servant au conditionnement immédiat de la marchandise.*

*Art. 43.* — Dans le cas où la marchandise est imposable au demi-brut ou au brut à plus de 10 francs par 100 kilogrammes, les emballages intérieurs (encartages, rouleaux, tambours et articles similaires) en carton ou en carton et carte, avec ou sans bois, papier ou feuille métallique, servant au conditionnement immédiat de la marchandise, doivent être cumulés avec le poids du contenu, auquel s'ajoute, le cas échéant, le poids de l'emballage extérieur, et ils sont taxés comme ledit contenu.

Dans le cas ou la marchandise est imposable au brut à 10 francs ou moins par 100 kilogrammes, les emballages intérieurs sont soumis au droit qui leur est propre s'ils sont de la catégorie des emballages ayant une valeur marchande ; si les emballages intérieurs n'ont pas de valeur marchande, ils acquittent le même droit que la marchandise.

*Art. 44.* — Les emballages intérieurs peuvent, lorsqu'ils sont passibles d'un droit inférieur à celui du contenu ou d'un droit n'excédant pas de plus de 10 p. 100 celui du contenu, être déclarés cumulativement avec la marchandise et soumis au même droit que celle-ci.

*Art. 45.* — Dans le cas où la marchandise est taxée au net, la tare des emballages intérieurs peut être établie par épreuves, s'ils sont uniformes, ou à défaut d'uniformité, s'il a été produit, à l'appui de la déclaration, une note de détail indiquant le nombre de ces emballages, leur poids à l'unité et par catégorie. Dans l'un et l'autre cas, le nombre des épreuves doit, en général, être de 10 p. 100 du total des emballages de l'espèce compris dans chacun des colis soumis à la vérification.

Si les emballages ne sont pas uniformes et s'il n'a pas été produit une note de détail libellée comme il est dit au paragraphe précédent, la tare est établie par le pesage intégral des emballages contenus dans chacun des colis soumis à la vérification.

*Art. 46.* — En ce qui concerne les marchandises autres que les métaux et les ouvrages en métaux, taxées, en tarif général, à 300 francs et plus les 100 kilogrammes, et sur la demande des déclarants qui désireraient éviter le pesage des emballages dans les conditions prévues à l'article 45 ci-dessus, il pourra être fait application de tares légales dont les taux sont fixés ainsi qu'il suit :

8 p. 100 pour les encartages, en carton ou en carton et carte ;

5 p. 100 pour les tambours, rouleaux et similaires en carton ou en carton et carte, avec ou sans bois, papier ou feuille métallique ;

6 p. 100 pour les encartages en carte ;

4 p. 100 pour les tambours, rouleaux et similaires en carte, avec ou sans bois, papier ou feuille métallique.

Si la marchandise est disposée en rouleaux dont les spires sont séparées par une bande continue de papier, au moins de mêmes dimensions que le produit lui-même, une tare de 8 p. 100 superposable à celle des autres emballages immédiats coexistants, est accordée pour tenir compte du poids du papier.

Ces taux sont déduits du poids demi-brut de la marchandise, lequel est diminué, le cas échéant, de la tare réelle des boîtes ou récipients servant de contenants intérieurs.

Le poids ainsi obtenu représente le poids net à soumettre au droit de la marchandise.

Les tares prévues au présent article ne peuvent être appliquées aux encartages, rouleaux, tambours et objets similaires servant de conditionnement à des marchandises passibles de taxes différentes.

Lorsqu'il est fait application desdites tares, les encartages tambours, rouleaux et articles similaires sont remis en franchise, qu'ils aient ou non une valeur marchande.

SECTION III. — *Emballages intérieurs en papier ou en feuille métallique (étain, aluminium) servant d'enveloppe immédiate à la marchandise.*

*Art. 47.* — Dans le cas où la marchandise est taxée au brut ou au demi-brut, les emballages de l'espèce sont compris dans le poids imposable.

Dans le cas où la marchandise est taxée au net, ces mêmes emballages peuvent, s'ils sont déclarés distinctement, être déduits du poids imposable dans les conditions prévues à l'article 45 ci-dessus. Ils sont imposés séparément s'ils ont une valeur marchande. Lorsque lesdits emballages ne sont pas déclarés distinctement et vérifiés suivant les prescriptions de l'article 45, ils acquittent les mêmes droits que le contenu.

Section IV. — *Toiles enveloppant le beurre, les jambons, la viande, etc.*

*Art. 48.* — Les enveloppes de l'espèce ne sont pas assujetties à leur droit propre et doivent, en conséquence, être admises au même droit que le contenu.

. . . . . . . . . . . . . . . . . . . . . . .

### ART. 2.

Le décret du 27 août 1911, ainsi modifié, entrera en vigueur le 1er septembre 1912.

### ART. 3.

Le ministre des finances et le ministre du commerce et de l'industrie sont chargés, chacun en ce qui le concerne, de l'exécution du présent décret, qui sera publié au *Journal officiel* et inséré au *Bulletin des lois.*

Fait à Paris, le 13 juillet 1912.

~~~~~~~~~~~~~~~~

## Circulaire de la Direction générale des douanes n° 4313, du 26 juillet 1912.

1re division. — 1er bureau. — Tarif. — Règlements généraux pour l'application des droits. — Décret du 13 juillet 1912.

Un décret du 13 juillet courant, inséré au *Journal officiel* du 14, modifie en ce qui concerne les emballages intérieurs en carton ou en carton et carte ou bien en papier ou en feuille métallique les dispositions du décret du 27 août 1911, dont la mise en vigueur avait, en vertu de prorogations successives, été reportée au 1er août prochain.

Le nouveau texte se différencie surtout du règlement primitif par la distinction qu'il établit entre les cartonnages (boîtes, étuis ou autres) servant de *contenants* intérieurs et les cartonnages employés au conditionnement immédiat de la marchandise : encartages, tambours, rouleaux et articles similaires servant de soutiens ou de supports. Les emballages de la première catégorie continueront à être imposés dans les mêmes conditions qu'actuellement. Quant aux seconds, ils pourront, de même que les emballages intérieurs en papier ou en feuille de métal commun servant d'enveloppe immédiate à la marchandise, être déduits du poids demi-brut, après une vérification par épreuves, lorsqu'il s'agira d'objets uniformes ou, dans le cas contraire, lorsqu'il aura été produit à l'appui de la déclaration une note détaillée indiquant le nombre de ces emballages ainsi que leur poids à l'unité et par catégorie. Enfin, il accorde aux importateurs qui désireraient éviter le pesage des emballages en carton ou en carton et carte, pour certaines catégories de marchandises, la *faculté* de demander l'allocation de tares légales dont le taux varie suivant la nature des emballages.

J'expose ci-après, dans ses détails, l'économie de la nouvelle réglementation.

## TITRE VII

*Section II.* — Ainsi que je l'ai fait observer ci-dessus, le décret du 13 juillet courant, à la différence de celui du 27 août 1911, laisse en dehors de ses dispositions spéciales les emballages en carton employés comme contenants intérieurs qui continueront à être vérifiés et taxés comme précédemment. Il ne vise que les emballages intérieurs en carton ou en carton et carte, avec ou sans bois, papier ou feuille métallique, tels qu'encartages, rouleaux, tambours et similaires servant au conditionnement immédiat de la marchandise.

Ces articles 43 et 44 ne comportent pas d'explications particulières. Ils ne sont d'ailleurs que la reproduction des règles actuellement suivies.

L'article 45 détermine les conditions dans lesquelles doit s'effectuer la constatation du poids des emballages intérieurs lorsque ceux-ci ne sont pas imposables au même droit que la marchandise elle-même. Une distinction est à établir suivant que les encartages, tambours, rouleaux et similaires sont ou non uniformes et, dans le dernier cas, selon qu'il a été ou non produit à l'appui de la déclaration une note de détail énonçant le nombre de ces emballages leur poids à l'unité et par catégorie. S'il s'agit d'emballages uniformes ou, à défaut d'uniformité, si la déclaration est appuyée d'une note détaillée, libellée dans les conditions sus-indiquées, la tare des emballages peut être établie par des épreuves dont le nombre doit, *en général*, être de 10 p. 100 du total des encartages, tambours, rouleaux, etc., compris dans chacun des colis soumis à la vérification. Si les emballages ne sont pas uniformes et s'il n'a pas été produit de note indiquant leur nombre et leur poids à l'unité et par catégorie, la tare est établie par le pesage intégral des emballages contenus dans chacun des colis vérifiés.

Il va sans dire que la proportion de 10 p. 100 sera, hors le cas de soupçon d'abus, considérée comme un maximum et que le service pourra, dans la pratique, se tenir au-dessous de ce taux lorsque des difficultés matérielles et de temps s'opposeront à ce qu'il soit procédé à un plus grand nombre d'épreuves. Celles-ci pourront d'ailleurs porter, suivant les circonstances, sur une ou plusieurs catégories d'emballages intérieurs, mais leur nombre devra être au maximum de 10 p. 100 du nombre total d'objets contenus dans chaque colis soumis à la vérification, quels que soient leurs formes et leur poids, et non de 10 p. 100 de chaque catégorie.

Il a, au surplus, été entendu que le maximum d'épreuves ne dépassera pas 5 p. 100 et qu'il pourra même, dans l'hypothèse envisagée au paragraphe précédent, être réduit à un pourcentage inférieur à ce taux lorsque la note de détail produite à l'appui de la déclaration émanera non d'un intermédiaire, mais de 1 expéditeur lui-même et sera établie de manière à présenter tous les caractères d'authenticité. On pourra considérer comme tels les documents de l'espèce revêtus du sceau d'un fabricant ou négociant étranger et signés par lui. Conformément aux prescriptions de l'article 20, les notes de détail fournies par les expéditeurs devront être contresignées par le déclarant.

L'article 46 prévoit le cas où les importateurs désireraient éviter le pesage des emballages dans les conditions rappelées ci-dessus. A l'égard des marchandises (autres que les métaux et les ouvrages en métaux) taxées, en tarif général, à 300 francs et plus les 100 kilogrammes, les déclarants pourront demander l'application des tares légales dont les taux sont fixés ainsi qu'il suit :

8 p. 100 pour les encartages en carton ou en carton et carte ;

5 p. 100 pour les tambours, rouleaux et similaires en carton ou en carton et carte, avec ou sans bois, papier ou feuille métallique ;

6 p. 100 pour les encartages en carte ;

4 p. 100 pour les tambours, rouleaux et similaires en carte, avec ou sans bois, papier ou feuille métallique.

Si la marchandise est disposée en rouleaux dont les spires

sont séparées par une bande continue de papier, au moins de mêmes dimensions que le produit lui-même, une tare de 8 p. 100 superposable à celle des autres emballages immédiats coexistants est accordée pour tenir compte du poids du papier.

Ces taux sont déduits du poids demi-brut de la marchandise, lequel est diminué, le cas échéant, de la tare réelle des boîtes ou récipients servant de contenants intérieurs.

Le poids ainsi obtenu représente le poids net à soumettre au droit de la marchandise.

Les tares dont il s'agit ne peuvent être appliquées aux emballages intérieurs servant de conditionnement à des marchandises passibles de taxes différentes. Ainsi, des encartages supportant deux ou plusieurs sortes d'objets diversement imposés n'auraient pas droit à la tare légale.

Lorsqu'il est fait application de ladite tare, les encartages, tambours, rouleaux et similaires sont remis en franchise, qu'ils aient ou non une valeur marchande. Ils doivent, bien entendu, être soumis au droit qui leur est propre lorsque, ayant une valeur marchande, leur poids est établi au moyen d'épreuves.

La tare légale n'étant applicable qu'à la demande des intéressés, ces derniers doivent, le cas échéant, spécifier dans leur déclaration qu'ils réclament cette facilité et indiquer le taux de la déduction à allouer. Pour les changements aux déclarations concernant les tares afférentes aux emballages intérieurs, on se conformera aux dispositions du n° 122 des Observations préliminaires du tarif.

*Section III.* — Cette partie du décret vise les emballages intérieurs en papier ou en feuille métallique (étain, aluminium) enveloppant directement la marchandise. Les emballages de l'espèce doivent être compris dans le poids imposable si le produit est taxé au brut ou au demi-brut. Dans le cas où la marchandise est imposable au net, ils peuvent, s'ils sont déclarés distinctement, être déduits du poids imposable dans les conditions prévues à l'article 45. Lorsqu'ils ne sont pas déclarés séparément et vérifiés suivant les prescriptions dudit article, ils acquittent le même droit que le contenu. En aucun cas, il n'y a lieu à l'allocation d'une tare légale pour les emballages dont il s'agit.

*Section IV.* — Les dispositions inscrites à l'article 50 du décret du 27 août 1911 font l'objet de l'article 48 du nouvel acte. Elles ne comportent pas de commentaires.

Les articles 1 à 42 du texte primitivement élaboré n'ayant pas été modifiés, on se reportera, en ce qui les concerne, aux indications de la circulaire n° 4191, du 20 septembre 1911. Ainsi que le spécifiait celle-ci, les dispositions des sections II et III, du titre VII, ne sont applicables ni aux médicaments, ni aux fils. Elles ne sauraient non plus être étendues aux emballages constitués par un bourrage en fibres de bois, en paille, etc., recouvert d'une feuille de papier, du genre de ceux qui servent au conditionnement de la verrerie, de la porcelaine, etc., aux emballages intérieurs pour aiguilles à coudre formés par un sachet et une bande de papier renforcée ou non de tissu, ni au papier entrant dans la composition des livrets de doreur en or faux.

La nouvelle réglementation entrera en vigueur le 1er septembre prochain.

Je prie les directeurs de porter ces dispositions à la connaissance du service et du commerce.

# TABLE DES MATIÈRES

# IMPRIMÉS DE DOUANES A L'USAGE DU COMMERCE
## (PRIX FRANCO)

| NUMÉROS des MODÈLES | DÉSIGNATION DES MODÈLES | PRIX DES MODÈLES | | |
|---|---|---|---|---|
| | | 100 | 500 | 1.000 |
| D. nº 1 | Manifestes (cas ordinaires). . . . . . . . . | 3.25 | 13.75 | 24.75 |
| — | — intercalaires. . . . . | 3.25 | 13.75 | 24.75 |
| D. nº 2 | Manifestes cabotage. . . . . . . . . . . | 3.25 | 13.75 | 24.75 |
| — | — intercalaires. . . . . | 3.25 | 13.75 | 24.75 |
| D. nº 3 | Déclar., permis et certificat de visite (importation par mer). . . . . . . . . . . . . . . | 2.50 | 8.50 | 15.25 |
| D. nº 4 | Déclar., soumission et permis de transbordement à destination de ports français. . . . . . . . | 2.50 | 8.50 | 15.25 |
| D. nº 5 | Déclar., soumission et permis de transbordement à destination de l'étranger. . . . . . . . . | 2.10 | 6.50 | 11. » |
| D. nº 6 | Déclar. de sortie par mer, certificat de visite et permis d'embarquement. . . . . . . . . . . | 2.10 | 6.50 | 11. » |
| D. nº 7 | Déclar. de sortie par mer pour les boissons (bleu). | 2.30 | 7.50 | 13. » |
| D. nº 8 | Expédition de cabotage, marchandises. . . . . | 2.50 | 8.50 | 15.25 |
| D. nº 9 | Expédition de cabotage pour les boissons (bleu). . | 2.80 | 9.50 | 18.50 |
| D. nº 10 | Déclar. d'entrée en entrepôt sans soumission. . . | 2. » | 6.30 | 11. » |
| D. nº 11 | Déclar. de sortie d'entrepôt pour la consommation. | 2. » | 6.30 | 11. » |
| D. nº 12 | Déclar. de sortie d'entrepôt pour la réexportation. . | 2. » | 6.30 | 11. » |
| D. nº 13 | Déclar. et soumission de transfert en entrepôt réel. | 1.60 | 5.25 | 9.80 |
| D. nº 14 | Déclar. et soumission pour les entrepôts fictifs et spéciaux. . . . . . . . . . . . . . . . | 2.10 | 6.30 | 12.30 |
| D. nº 15 | Déclar. et soumission pour les expéditions en transit ordinaire. . . . . . . . . . . . . . . | 2.65 | 9.50 | 17.25 |
| D. nº 16 | Déclar. et soumission pour l'admission temporaire des semoules de blé dur (papier chamois). . . | 2.50 | 8.50 | 15.25 |
| D. nº 17 | Déclar. et soumission pour les mutations d'entrepôt par mer. . . . . . . . . . . . . . . | 2.50 | 8.50 | 15.25 |
| D. nº 18 | Déclar. et soumission pour les marchandises admises temporairement en franchise. . . . . . . | 3.80 | 15.75 | 31. » |
| D. nº 19 | Déclar. de sortie pour les marchandises expédiées avec prime. . . . . . . . . . . . . . . | 2.10 | 6.30 | 11.50 |
| D. nº 20 | Déclar. d'exportation ou de mise en entrepôt. . . | 2.10 | 7.50 | 14. » |
| D. nº 21 | Déclar. d'exportation ou de mise en entrepôt (fruits, confitures et bonbons). . . . . . . . . . | 2.10 | 7.50 | 14. » |
| D. nº 22 | Déclar. pour les sucres importés destinés au sucrage des vins, cidres et poirés. . . . . . . . | 2.25 | 8. » | 15. » |
| D. nº 23 | Déclar. pour les sucres raffinés destinés au sucrage des vins, cidres et poirés (papier chamois). . . | 2.40 | 8.50 | 16.50 |
| D. nº 24 | Déclar. en détail, permis et certificat de visite portant au verso les engagements précédemment passés au registre. S. 27 supprimé. . . . . | 1.80 | 5.25 | 9.50 |
| D. nº 25 | Déclar. de chargement des sels et matières salifères. | 1.85 | 5.25 | 10.25 |
| D. nº 26 | Déclar. et certificat de visite (importation par les frontières de terre). . . . . . . . . . . | 2.50 | 8.50 | 15.25 |
| D. nº 27 | Déclar. et certificat de visite (exportation par les frontières de terre). . . . . . . . . . . | 2.20 | 6.30 | 11. » |
| D. nº 28 | Déclar. et certificat de visite (export. par les frontières de terre) pour les boissons (papier bleu). . | 2.25 | 7.50 | 13. » |
| D. nº 29 | Relevé des marchand. expédiées par chemin de fer. | 3. » | 10.50 | 20.50 |
| D. nº 30 | Soumis. et expéd. pour le transit par chemin de fer. | 2.50 | 10. » | 19. » |
| D. nº 31 | Déclar. de transfert et soumission d'entrepôt. . . | 1.85 | 6. » | 10.75 |
| D. nº 32 | Déclar. d'exportation de tissus de coton avec remboursement à forfait. . . . . . . . . . . | 2.50 | 9.50 | 18. » |
| D. nº 33 | Connaissement avec tableau. . . . . . . . . | 2. » | 9. » | 15. » |
| D. nº 33 bis | Connaissement avec simple réglure. . . . . . | 2. » | 9. » | 15. » |

www.ingramcontent.com/pod-product-compliance
Lightning Source LLC
Chambersburg PA
CBHW060458210326
41520CB00015B/4007